HF240309

L'Habitation hors ville

Deux leçons du Cours sur la Coopération

AU COLLÈGE DE FRANCE

Avril 1924

PAR CHARLES GIDE

ASSOCIATION
POUR L'ENSEIGNEMENT DE LA COOPÉRATION
85, RUE CHARLOT, PARIS

L'Habitation hors ville

§ 1. — De la nécessité de dépeupler les villes.

Arrivés au terme de ce cours, nous avons vu que toutes les solutions successivement envisagées ne donnaient que des résultats mesquins, du moins en France; qu'il s'agisse de sociétés de construction, de fondations philanthropiques ou même de l'effort des pouvoirs publics. La preuve c'est que tout cela n'a eu aucune influence, jusqu'à présent, sur le prix des loyers.

Dès lors, et puisqu'il paraît impossible de résoudre la question du logement dans les grandes villes, il faut essayer d'en sortir et d'aller se loger à la campagne.

Mais, dira-t-on peut-être, en quoi ce déplacement facilitera-t-il la solution ? Il faudra construire des maisons à la campagne pour ceux qui iront s'y loger et leur construction ne coûtera guère moins cher à la campagne qu'à la ville : la seule économie importante à attendre est celle sur le prix du terrain.

Il est vrai, mais, outre que cette économie de terrain vaut la peine d'être prise en considération, je rappelle ce que j'ai déjà dit dans les leçons précédentes : c'est que le prix excessif des loyers a pour cause moins le coût de construction que le monopole des propriétaires urbains. Or, l'exode de la population, s'il prenait d'assez grandes proportions, aurait pour effet de briser ce monopole. La surenchère, qui faisait monter le taux des loyers, cesserait. Au reste, les faits sont suffisamment démonstratifs. Tout le monde sait que le taux des loyers diminue, toutes choses égales d'ailleurs, à mesure que l'on s'éloigne des grands centres.

Il n'y a pas seulement, pour l'ouvrier, l'économie sur le loyer : il y a les économies qui résultent de la suppression de nombreuses tentations de dépenses, café, théâtre, cinéma — et aussi, s'il a un petit jardin, ce qui est généralement le cas pour la maison à la campagne, la possibilité de produire lui-même les légumes nécessaires aux besoins du ménage, en cultivant le jardin dans les intervalles du travail et le dimanche.

Il est vrai qu'en regard de ces économies le logement à la campagne implique certaines augmentations de dépenses, non pas seulement celle du transport quotidien dont nous allons parler, mais aussi la nécessité de prendre en ville, au restaurant, le repas de midi, supplément de dépenses qui peut faire plus que compenser l'économie de loyer. Sans doute, mais il en est de même bien souvent de l'ouvrier qui habite la ville : il va trop loin de son domicile pour retourner déjeuner chez lui et par conséquent le logement à la campagne n'aggrave guère la situation.

Il est vrai aussi que le logement à la campagne peut entraîner certaine diminution de recettes. Par exemple, la femme peut faire en ville quelques travaux accessoires, tels que des ménages chez les bourgeois, qui ne sont plus possibles à la campagne.

Néanmoins, tout compte fait, l'hésitation n'est pas permise et l'émigration à la campagne apparaît bien comme le principal, disons même le seul remède vraiment efficace à la crise du logement.

Mais cette solution n'est pas facile : elle se heurte à des résistances très puissantes. Et, d'abord, à la force d'attraction des grands centres; il ne s'agit de rien moins, comme on l'a dit, que de substituer à la force centripète, qui a agi jusqu'à ce jour, une force centrifuge.

La tendance à l'agglomération de la population est relativement moderne. Pourtant n'avons-nous pas dit au début de ce cours qu'on l'avait constatée déjà dans la Rome Impériale ? Oui, parce que Rome était déjà une grande agglomération d'hommes, comme capitale du vaste Empire, mais après la chute de l'Empire romain il n'y a plus eu de grandes villes. Non seulement au Moyen-Age mais même jusqu'à l'époque moderne les centres, qui sont aujourd'hui de très grandes villes, n'étaient que de très petites villes.

Il serait en dehors de notre sujet d'étudier quelles sont les causes sociales, économiques et politiques, qui ont déterminé les agglomérations des hommes dans les grands Etats de notre temps, mais il faut du moins les rappeler.

D'abord, les causes économiques qui sont les occasions favorables, la facilité de trouver des emplois, des patrons ou des clients. Que de gens en France qui se disent : Ah ! si j'étais à Paris, je saurais bien faire fortune ! Il en est de même pour les grandes villes de tous les pays.

Il y a naturellement, pour les fabricants et les commerçants, les entrepreneurs de spectacles et de cinémas, les hôtels et les restaurants, une clientèle beaucoup plus nombreuse dans les grandes villes, et par conséquent plus de chances de réaliser de gros profits — et pour les ouvriers de trouver du travail bien payé.

Il y a ensuite les causes politiques, telle que l'existence
de grandes administrations, avec de nombreux fonction-
naires et tous les parasites qui accourent près des gouver-
nants comme les papillons à la lampe. En Russie il a
suffi que la capitale officielle fut transférée de Pétrograd
(ou Léningrad, comme on dit aujourd'hui) à Moscou, pour
que la population de Moscou augmentât immédiatement
de 3 à 400.000 habitants.

En dehors de ces causes économiques et politiques il y
a aussi des causes psychologiques, encore plus fortes
peut-être ; c'est l'attrait qu'exerce la grande ville sur tout
le monde. On entend dire souvent qu'une grande ville
comme Paris c'est le paradis pour les riches : mais ce
n'est pas seulement pour les riches, c'est aussi pour les
pauvres ! car ils trouvent dans la grande ville plus d'occasions de plaisir (cinémas, cafés) à bon compte et même
gratuites, ne fût-ce que le spectacle du mouvement de la
rue.

Il ne faut pas négliger un autre facteur qui est la
vanité stupide. Vivre dans une grande ville c'est occuper
un rang plus élevé dans la hiérarchie sociale. Certainement
le Parisien se considère comme au-dessus du provincial et
celui-ci même ne songe pas à contester cette supériorité.
Jusqu'à une date récente l'Académie française n'admettait
que les Parisiens ; les savants de province ne pouvaient
prétendre qu'au titre infime de membre correspondant.

La guerre a encore intensifié ce mouvement des popu-
lations vers les grandes villes. C'est un fait que chacun
peut vérifier en constatant, par exemple, à Paris, quel est
l'encombrement dans les rues, dans le Métro, dans les
cafés, dans les spectacles, dans les cinémas. C'est un
spectacle vraiment stupéfiant que de voir tourbillonner ce
torrent humain dans un pays où il y a de moins en
moins d'enfants, où la population est une des moins denses
de l'Europe, un pays qui a perdu un million e demi
d'hommes dans la force de l'âge ! Cela devrait pourtant
laisser quelques vides. On ne s'en aperçoit même pas !

Pouvons-nous espérer lutter contre ces forces qui parais-
sent irrésistibles ? Ne pourrait-on y arriver par une tran-
saction, une solution mixte qui serait celle-ci : la ville
pour y travailler et même s'y amuser, la campagne pour
y loger et y coucher.

Les riches le font bien ! Dans la plupart des grandes
villes, les gens riches n'habitent plus la ville ; ils n'y ont
que leurs bureaux, et le soir, ils prennent le train ou

leur auto et rentrent à leur maison de campagne où se
retrouve toute la famille. Le spectacle le plus impres-
sionnant de Londres est peut-être le grand silence et la
solitude de la Cité dès que la journée de travail est finie :
c'est une ville morte, tout le monde est parti.

Ne pourrait-on réaliser quelque chose de semblable pour
la population ouvrière ?

Certes ! et c'est ce qui a lieu déjà : c'est même un des
grands phénomènes sociaux de notre temps, un des plus
intéressants.

Je viens de parler de l'animation dans Paris. Il suffit
d'aller, entre 8 et 9 heures du matin, devant une des
grandes gares, à Londres, à Paris, à Berlin, et de regarder
ce qui se passe. On voit à l'arrivée de chaque train, c'est-
à-dire toutes les cinq minutes, déferler de la gare tout
un flot humain — une cascade, s'il y a des escaliers —
formant des remous aux portes et aux grilles, pour se
déverser dans la rue ; longtemps avant de se perdre dans
la foule des passants, le flot des arrivants est reconnais-
sable encore, comme le fleuve des Amazones qui, quand
il se déverse dans l'Océan bleu, conserve encore pendant
des centaines de kilomètres la couleur boueuse de ses eaux.

Si vous avez la patience d'y regarder de plus près, vous
verrez que ce fleuve humain va par ondes, ondes succes-
sives qui changent de couleur et d'allure suivant l'heure.
Les premiers qui arrivent sont les ouvriers qui travaillent
en plein air, les maçons, les constructeurs ; c'est la première vague. Puis, viennent un peu plus tard les ouvriers
des usines, c'est la seconde vague. Vers 9 heures arrive le
troisième îlot, celui des employés des administrations publi-
ques, qui se distinguent à ce qu'ils sont mieux vêtus et
marchent avec la dignité, et surtout la lenteur, qui sied à
leurs fonctions.

Le spectacle est le même, mais en ordre inverse, à partir
de 5 heures du soir.

C'est bien là qu'on se sent en présence de quelque chose
d'irrésistible, comme le flux et le reflux de la marée.

Eh bien, ce flux et ce reflux qui se manifestent dans
toutes les grandes villes, et même dans certaines sur une
plus grande échelle qu'à Paris, c'est la manifestation du
phénomène que nous étudions en ce moment : le va et
vient de cette partie de la population qui, ayant son centre
d'occupation dans la ville, a en même temps son logement
dans la banlieue.

Mais si nombreuse déjà que soit cette émigration quoti-
dienne, elle ne comprend encore qu'une faible partie de

la population urbaine totale. Le problème c'est de trouver le moyen de la généralisation.

§ 2. — Les moyens de transport suburbains.

Or cette force centrifuge est soumise à certaines conditions qu'il importe de connaître.

Il est évident que le plus ou moins de facilités que trouvera la population à se loger à la campagne dépend en premier lieu de la facilité et de la rapidité des moyens de transport.

Il y a là une condition aussi inéluctable que celle des lois de l'ordre physique. Chaque homme est comme une chèvre attachée par une corde à un piquet : la chèvre ne peut brouter que dans un certain rayon, déterminé par la longueur de la corde. Chacun de nous a son piquet qui est le lieu de son travail, bureau ou usine ; il ne peut que tourner en rond tout autour, mais sa corde sera plus ou moins longue suivant que les moyens de transport dont il disposera seront plus ou moins rapides et faciles.

Si, comme autrefois, on ne pouvait aller qu'à pied. le cercle serait court ; 5 à 6 kilomètres, car cette distance représente une heure de marche à faire deux fois par jour, c'est une limite qu'on ne peut guère dépasser. Dans un village où je passe mes vacances, j'ai connu des travailleurs qui viennent tous les jours d'un village voisin qui est précisément à 6 kilomètres ; ils avaient une bonne heure de chemin à faire matin et soir. Ceux d'aujourd'hui n'en voudraient pas sans doute, mais aussi tous ces travailleurs agricoles ont maintenant leur bicyclette. Quand, à la marche à pied on peut substituer des moyens de transport plus rapides, soit la modeste bicyclette, soit le tram, le métro, l'autobus, le chemin de fer, ou mieux encore le train électrique, alors en supposant toujours qu'une heure doive marquer la durée maxima du trajet, la distance s'allonge singulièrement. Et dès lors, un remarquable changement de mesures s'opère ; on ne compte plus par l'espace, on compte par le temps, non plus par kilomètres mais par minutes. Je ne dis jamais : j'habite à 5 kilomètres du Collège de France, car je ne sais pas au juste la distance et ne m'en inquiète guère, mais, je dis : ma maison est à 25 minutes du Collège.

Du moment que l'espace est devenu indifférent, c'est donc la rapidité de transport qui seule déterminera le rayon du cercle qui circonscrit mon activité. Si dans une heure on

peut franchir 50 kilomètres, le rayon du cercle sera de
50 kilomètres. Et à chaque allongement du rayon corres-
pond une augmentation énorme de la place disponible pour
y chercher un logis, car vous n'ignorez pas que les surfaces
augmentant non pas seulement en proportion du rayon
mais du carré du rayon; si celui-ci passe de 5 kilomètres
à 50 kilomètres, la surface du cercle devient 100 fois plus
grande.

Voilà donc la condition *sine qua non* de la possibilité
pour la population ouvrière de se loger en banlieue.

Une deuxième condition, qui ne fait qu'une avec la précédente, c'est que la dépense du transport ne doit pas repré-
senter une somme supérieure à l'économie réalisable par le
logement hors ville. Sans doute le chiffre chaque jour n'est
jamais très gros; mais multiplié par le nombre des jours
de travail, cela peut faire un gros chiffre.

Avant la guerre, on avait fait merveille à cet égard. On
était arrivé à donner à la population ouvrière urbaine des
billets d'abonnement aux chemins de fer pour des prix de
bon marché invraisemblables.

C'est ainsi, par exemple, qu'en Belgique, où le mouvement centrifuge était beaucoup plus développé encore qu'en
France, on pouvait avoir un billet d'abonnement sur tous
les chemins de fer, six jours par semaine et pour une distance allant jusqu'à 50 kilomètres, pour le prix de 2 fr. 75
par semaine. On pouvait donc faire 600 kilomètres pour
2 fr. 75, c'est-à-dire un trajet plus long que Paris Lyon.

Les tarifs d'abonnement n'étaient pas aussi bon marché
en France, mais c'était quand même très peu de chose.

Je ne sais pas quel est le prix auquel ont été portés,
depuis la guerre et les récentes élévations de tarif des chemins de fer, les prix des billets d'abonnement à la semaine;
il faudrait d'ailleurs, en regard de cette hausse des tarifs,
mettre celle des salaires et celle des loyers pour savoir s'il
y a encore économie pour l'ouvrier ou employé à loger hors
ville. Mais je n'en doute pas.

Nous voici donc arrivés, peu à peu, à chercher la solution
du problème du logement dans la rapidité et le bas prix
des transports suburbains et, dès lors, à nous demander
si le régime actuel de l'industrie du transport, c'est-à-dire
le régime capitaliste, pourra donner satisfaction à ces desiderata ? et s'il ne faudrait pas que les transports suburbains devinssent des services publics, dans lesquels il n'y
aurait aucune recherche de profit ?

Remarquez qu'en Belgique, où l'on était descendu aux

minima étonnants que je rappelais tout à l'heure, les chemins de fer sont exploités par l'Etat. Une municipalité pourrait s'élever au-dessus des préoccupations de lucre et même trouver son intérêt à transporter à perte, si ce transport devait avoir pour résultat d'éviter à ses habitants toutes les misères que nous avons décrites et qui résultent de la surpopulation.

J'inclinerais, pour mon compte, à envisager, sinon tout de suite, du moins dans la cité future, un régime sous lequel les services de transport deviendraient gratuits.

Il y a certains besoins de la population qui sont d'une telle nécessité qu'il convient d'y satisfaire, non seulement sans profit, mais même en les fournissant gratuitement. J'en vois trois surtout : premièrement l'eau, dont la consommation devrait être non seulement gratuite, mais, pourrait-on dire, obligatoire, comme l'instruction primaire; secondement, la lumière; et, en troisième lieu, précisément les transports suburbains. Leur utilisation serait une charge publique.

Remarquez que ce n'est pas si paradoxal qu'on pourrait le penser. En somme, ce que je dis là s'est réalisé dans d'autres domaines. Les routes sont gratuites, aujourd'hui, pour tout le monde. Il ne faut pas s'imaginer qu'elles n'aient rien coûté à construire ; elles ont coûté des centaines de millions et des milliards.

Elles n'ont pas toujours été gratuites. Autrefois, en Angleterre particulièrement, il y avait des péages sur les routes ; toutes les cinq ou six lieues, il y avait une barrière et un bureau de péage pour percevoir le droit de passage. Ceux d'entre vous qui ont lu des romans anglais ont vu souvent ce petit épisode de voyage.

Eh bien, les routes sont ouvertes gratuitement au public. Il en est de même des canaux, qui ont coûté fort cher à l'Etat, et dont l'usage est gratuit.

Je sais bien qu'il y a une différence : c'est que, sur la route et les canaux si le passage est libre, ce qui veut dire que l'usage de la route est gratuit, néanmoins le transport ou la traction, que ce soit par voiture, auto, bicyclette ou péniche, reste à la charge de chaque passager ; tandis que, si les tarifs de chemins de fer étaient abolis, ce n'est pas seulement l'usage de la voie mais les frais de transport que l'Etat prendrait à sa charge ou, plus exactement, qu'il mettrait à la charge des contribuables. Ne serait-ce pas généraliser pour tout le monde le scandale des billets de faveur accordés actuellement à des légions de parasites ?

Je reconnais qu'il ne serait pas juste d'appliquer le bénéfice de la gratuité à tous les voyageurs, mais il pourrait être limité à ceux dont nous parlons en ce moment, à ceux qui débarrassent les villes de leur trop-plein.

Au reste, en supposant même que le transport suburbain fut gratuit, il ne faudrait pas en conclure que les possibilités de dissémination de la population devinssent, de ce fait, illimitées. Car il faut tenir compte d'autres facteurs. Il y a la fatigue. Je parlais tout à l'heure de la fatigue de celui qui va à pied à son domicile, matin et soir, l'ouvrier agricole, par exemple. Mais un voyage bi-quotidien en wagon est aussi une fatigue et, personnellement je le trouverais plus pénible que la marche à pied. Il faut voir ce que c'est ! Vous n'avez qu'à regarder, à la sortie des grands établissements, tous ces employés qui courent pour attraper le métro, l'autobus ou le tramway ! Arrivé à la gare, si on manque son train, il faut attendre peut-être une heure dans la gare; si on arrive à temps, il faut se bousculer pour monter en wagon ; une fois en wagon, on est plus que complet, on voyage debout, et, s'il faut voyager chaque jour dans ces conditions, pendant des années, c'est la ruine de la santé.

Dans le système belge, dont je vous parlais, le fait que les billets étaient à si bas prix avait pour résultat que les gens allaient se loger de plus en plus loin; certains allaient jusqu'à 100 kilomètres, ce qui suppose quotidiennement deux à trois heures de chemin de fer ! Une telle vie est bien faite pour annihiler tous les avantages, tant au point de vue de l'hygiène que de la salubrité, qu'on peut trouver à habiter la campagne. Si la vie au grand air doit être achetée à ce prix, mieux vaut y renoncer.

Pour qu'il en fût autrement, il faudrait que les moyens de transport devinssent tellement perfectionnés, qu'on puisse faire le voyage sans aucune fatigue et même qu'ils puissent servir de repos et de détente, comme la traversée en mer que l'on ordonne aux neurasthéniques.

Ce n'est peut être pas impossible. Le transport individuel par auto, qui est une récréation pour le riche, pourrait peut-être le devenir pour l'ouvrier. Telles sont les prévisions de M. Ford, le grand constructeur d'automobiles. Il dit : « Les ouvriers des fabriques auront tous leur maison, avec jardin, située dans un rayon de quinze ou vingt lieues à la ronde (c'est-à-dire 60 à 80 kilomètres), car il faut dire que, de nos jours, tout ouvrier est à même d'avoir son automobile pour aller au travail et revenir avec le moins de perte de temps possible ».

Cette prévision est déjà, dans une certaine mesure, réalisée en Amérique. L'auto Ford n'y coûte que 350 dollars et ce prix ne représente pas plus d'un mois de salaire d'un bon ouvrier.

Il y a une troisième condition également indispensable : c'est la limitation des heures de travail, les courtes journées à l'atelier.

Autrefois, quand la journée de travail était de 12 ou 13 heures, on ne pouvait pas songer à ajouter une heure le matin et autant le soir pour aller à son travail et rentrer chez soi. Mais, avec la journée de huit heures, cela devient possible, car une heure de plus matin et soir, cela ne fait au total que 10 heures. On se lève à 7 heures pour être à l'usine à 8 ; on sort à 5 pour être chez soi à 6 heures : il reste encore 14 heures de libres.

Ce qui serait mieux encore, ce serait l'introduction en France de ce qu'on appelle la journée anglaise, c'est-à-dire la journée de travail sans discontinuité, avec suppression du repas du milieu du jour. On peut ainsi ne commencer le travail qu'à 9 heures du matin pour le finir à 5 heures du soir. L'ouvrier qui demeure à la campagne n'a pas besoin de se lever de grand matin et, d'autre part, il fait l'économie du déjeuner au restaurant.

N'est-il pas curieux de voir la question du logement se trouver liée, dans une certaine mesure, à celle de la journée de 8 heures et de la journée anglaise ? Mais cette réforme de la journée anglaise n'a pas été adoptée en France et, malheureusement, ce sont les ouvriers qui s'y montrent réfractaires. Ils prétendent qu'on ne peut pas travailler 8 heures de suite sans se reposer. Pourtant, les ouvriers étrangers le font bien ? C'est une habitude à changer, voilà tout. Au reste, le régime de la journée anglaise admet un repos d'un quart d'heure au milieu du jour pour une collation sur place.

Pour la généralisation de l'exode urbain, il y a encore un obstacle à surmonter, et plus grand que tous ceux que je viens d'énumérer : c'est la répugnance de l'ouvrier à aller à la campagne. Il n'y va pas, et même, s'il y est de naissance, il n'y reste que s'il ne peut pas faire autrement. Il y en a bien quelques-uns qui sont séduits par la perspective d'une petite maison et d'un petit jardin, mais pour apprécier les charmes de la campagne il faut une culture d'esprit qui n'est pas fréquente dans la classe ouvrière. Ils ne peuvent pas renoncer à ces plaisirs faciles et grossiers que procure la grande ville aux riches et aux pauvres. Ils trouvent mortellement lugubres ces soirées à la campagne, où s'éteignent les bruits et les lumières de la grande ville.

Il y a donc là une transformation mentale, psychologique à accomplir, et elle n'est pas du ressort de l'Economie politique mais de l'éducation.

Il faudrait que les ouvriers qui vont habiter à la campagne le fissent non par nécessité, mais avec joie.

Peut-être aussi pourrait-on chercher une solution en sens inverse, en transportant les usines dans les campagnes et, par là, en y retenant les travailleurs et en tarissant dans sa source même l'émigration rurale. C'est ce que fait le grand industriel Ford : il déclare qu'il est très facile de décomposer une grande industrie et de la disséminer dans les campagnes.

Car, si l'on veut lutter contre la loi de centralisation, il est évident, qu'en même temps, qu'on encourage l'émigration des ouvriers des villes, on doit décourager l'émigration des travailleurs ruraux. On s'en occupe. Il y a, notamment, une œuvre qu'on appelle « Les Foyers de Campagne » (1), qui a pour inspiratrice et pour directrice Mme Compain; elle a précisément pour but de créer dans les villages des centres d'attraction qui pourraient retenir les villageois et les empêcher d'aller à la ville, ou même réconcilier des ouvriers des villes avec le séjour à la campagne.

Malheureusement, ces foyers sont en nombre très restreint, quatre ou cinq seulement, et ils ne semblent pas devoir se développer beaucoup, non seulement faute de ressources mais, ce qui est beaucoup plus décourageant, parce que des sympathies bien vives dans la population ne semblent pas éveillées. Le vers célèbre de Virgile : Heureux les ruraux s'ils connaissaient leur bonheur ! est toujours actuel, car depuis 2.000 ans ils ne semblent pas avoir appris à le connaître ni désirer l'apprendre.

§ 3. — La construction irrationnelle des villes.

Ainsi la solution radicale à laquelle nous voici arrivés, c'est de ne plus habiter les villes, ce qui veut dire évidemment les supprimer.

Il faut dire, en effet, si paradoxale que puisse paraître une telle affirmation, que les villes n'ont pas été faites pour l'habitation. La formation des villes est due à des causes multiples, assurément intéressantes qui mériteraient tout

---

(1) Siège social à Paris, rue Mayet, 15.

un cours (1), mais au nombre desquelles le bien-être de l'habitant n'est entré pour rien. Parmi ces causes on peut en indiquer deux principales.

La première c'est le facteur économique, les intérêts du commerce. Les villes se sont formées spontanément au point d'intersection des grandes routes commerciales, telles qu'elles étaient déterminées par les cours d'eau ou par certaines voies pratiquées de tout temps, comme ce qu'on appelle en anatomie un ganglion nerveux. Paris, par exemple, est né au carrefour de deux grandes voies, la voie qui vient de la Méditerranée et qui remonte le Rhône et la Saône — celle que suit encore aujourd'hui le chemin de fer du P. L. M. car ce sont des routes qui traversent les siècles sans modification — et, d'autre part, la route transversale marquée par la Seine et qui va vers le Rhin et l'Europe centrale. La rue Saint-Jacques, sur laquelle est située ce Collège, est une des plus vénérables voies qu'il y ait non seulement en France mais en Europe : c'est la grande route millénaire par laquelle les hommes de la mer Latine sont venus jusqu'à la Seine et au-delà, et par laquelle ceux du Nord et de Germanie ont marché à la conquête du Midi.

C'est ainsi que s'est formée aussi la ville de Lyon, au confluent du Rhône et de la Saône : c'est aussi un carrefour de deux routes, celle qui va de l'Océan vers la Suisse et celle qui monte vers le Nord. Et tant d'autres !

Mais, à côté de ce premier type de villes qui, peut-on dire, ont pour berceau le marché, lequel est encore de nos jours le centre de la ville, il y a un autre type de ville, née non plus du commerce mais de la guerre, de la nécessité de se défendre contre l'invasion, et qui se trouve aussi dans tous les pays. Dans l'antiquité c'était le camp Romain, le *castrum* avec ses quatre murs orientés aux quatre points cardinaux, avec des rues transversales comme sont de nos jours, quoique pour de tout autres raisons, les villes américaines. La même légion y demeurait parfois plusieurs siècles, comme dans la célèbre ville en ruines de Timgad. Plus tard, au Moyen-Age, le plan s'est modifié mais toujours par l'action de causes militaires; la ville carrée est devenue le bourg, serré autour du château du seigneur ou de l'église — l'église, non pas seulement centre religieux groupant les fidèles, mais lieu d'asile parce qu'on le savait généralement respecté. C'est ainsi que toutes les villes

---

(1) J'indique, pour ceux qui désireraient être mieux renseignés, le livre de M. René Maunier sur *l'Origine des villes, au point de vue sociologique*.

qui portent le nom d'un « saint », innombrables en France, sont des villes qui se sont formées et cristallisées autour d'une église ou d'une abbaye pour y chercher la protection du saint contre l'invasion. C'est pourquoi les maisons se sont serrées les unes contre les autres comme les moutons d'un troupeau quand ils voient venir le loup, et les rues étroites et tortueuses étaient précisément telles qu'il les fallait pour se défendre contre l'assaillant.

Dans nos villes modernes, si modifiées et rectifiées qu'elles soient, vous reconnaîtrez bien facilement le bourg du Moyen-Age à forme concentrique, avec l'église ou le château pour centre et une enceinte circulaire qui est celle des anciens remparts. Nulle ville ne reproduit mieux ce plan que Paris, avec son centre, sa cité, Notre-Dame, le château du Louvre, et les enceintes concentriques dont la première, celle de Philippe Auguste, a disparu, mais dont subsistent intactes les deux plus récentes, celle qui est devenue les boulevards intérieurs et celle qui est devenue les boulevards extérieurs.

Il en est ainsi dans tous les pays. Il n'y a guère de petite ville en France où il n'y ait ce qu'on appelle la promenade des boulevards. Dans la petite ville d'Uzès où je suis né, il y a ce qu'on appelle « le Tour de Ville ». Ce sont simplement les anciens remparts qui ont été rasés et remplacés par une promenade circulaire.

La ville de Moscou a exactement la même forme que Paris; une série d'enceintes concentriques avec le Kremlin pour centre; mais ce qui est mieux à Moscou c'est qu'on a laissé intacts, au milieu de la ville débordante, les remparts des enceintes antérieures.

La célèbre promenade de la capitale d'Autriche, Vienne, qui s'appelle le Ring, ce qui veut dire l'anneau, n'est aussi que la trace de l'ancien mur.

C'est ainsi que les villes, même les plus belles, se sont développées sur des plans qui n'avaient aucun rapport avec la commodité, ni le bien-être, des habitants.

Eh bien, ce sont ces villes, héritées des temps barbares, qu'il faudrait abandonner pour bâtir en dehors d'elles des villes neuves, les villes qui répondront véritablement aux besoins économiques, esthétiques, hygiéniques de notre temps (1).

Cela s'est fait déjà mais sans plan rationnel. En maints

____

(1) Le philosophe Descartes, au début de la 2ᵉ partie de son *Discours sur la Méthode*, prend précisément comme exemple de sa méthode l'opposition entre deux villes, l'ancienne, mal bâtie, et la nouvelle conçue d'après un plan rationnel.

lieux on voit la « ville neuve » à côté de la ville ancienne.
Nous en avons, en France, un curieux exemple à Carcassonne où, à côté de la vieille ville l'admirable cité du
Moyen-Age, s'est formée la ville neuve. Et mieux encore
au Maroc où la ville européenne se développe toujours en
dehors de la ville arabe parce que le maréchal Lyautey a
ordonné de laisser celle-ci intacte : il est bien regrettable
qu'en Algérie l'administration n'ait pas eu la même politique.

Mais la question qui se pose maintenant c'est de savoir
d'après quelles directives on bâtira ces villes neuves, afin
de ne pas recommencer les errements du passé. Il faut pour
cela tracer les plans à l'avance, car, comme je l'ai dit il y a
longtemps sous une forme un peu paradoxale, il importe
de bâtir la ville avant de bâtir les maisons. La ville est,
en effet, le cadre dans lequel doivent rentrer les maisons,
tandis qu'actuellement à l'inverse ce sont les maisons qu'on
bâtit d'abord, et la ville vient après et s'arrange comme
elle peut.

Dans la ville où j'ai passé une partie de ma vie, Mont-
pellier, chacun bâtit où bon lui semble, à droite, à gauche,
et une fois ces maisons bâties, quand elles sont en nombre
suffisant pour former un quartier nouveau et qu'il faut
ouvrir des rues, ces rues doivent se faufiler entre les maisons, comme les sentes que tracent les animaux dans la
forêt vierge en tâchant d'éviter les rochers ou les arbres.

Paris lui-même, faute d'un plan d'extension, s'est laissé
encercler par une affreuse banlieue dont il ne pourra plus
se libérer. Il en est réduit à encercler aujourd'hui cette
banlieue dans une deuxième banlieue qui sera celle-ci
rationnelle et esthétique. La ville vient d'acheter un terrain
de 700 hectares au Nord-Est de Paris et les plans d'un
« faubourg jardin » sont déjà établis.

Il faut donc, c'est la première chose, avoir un plan
d'extension. Dans toutes les villes allemandes il y a depuis
longtemps des plans d'extension. En France, il n'y en
avait pas.

C'est seulement peu avant la guerre qu'une loi récente
a obligé toutes les villes de plus de 10.000 habitants à
établir un plan d'extension.

Ce n'est pas tout d'avoir un plan d'extension; il faut avoir
des directives pour le tracer, c'est-à-dire savoir à quelles
conditions doit satisfaire ce plan de la ville future. C'est
toute une science, qui porte un nom, l'urbanisme. Cette
science comporte un enseignement spécial déjà organisé dans

quelques villes. A Paris, c'est 29 rue de Sévigné, dans l'ancien Hôtel Carnavalet, devenu aujourd'hui un admirable musée de la Ville de Paris, que se trouve l'Ecole d'urbanisme avec de nombreux cours sur toutes les questions intéressant la vie et le développement des cités. Cette Ecole délivre des diplômes pour les étudiants : elle est depuis peu rattachée à la Faculté de Droit.

Ce n'est pas seulement l'emplacement mais la construction des maisons qui doit être soumise à certaines règles. La hauteur est limitée : le jardin de façade doit être en fleurs ou pelouses, le jardin de derrière étant réservé à la culture maraîchère.

Mais il n'y a encore que des embryons de villes qui aient été créées de toutes pièces, sur un plan scientifique, avec le souci de satisfaire à toutes les conditions économiques sociales, hygiéniques et esthétiques qui constituent la science de l'urbanisme.

§ 4. — La Cité-jardin.

Il y a trente ans, un auteur anglais, M. Charles Howarth, dans un livre intitulé *To morrow*, a présenté le tableau d'une ville future idéale. Et comme les Anglais, que l'on considère toujours comme des gens très matérialistes, sont aussi des gens très idéalistes, il s'est trouvé immédiatement des capitalistes qui ont fourni les fonds nécessaires pour réaliser ce thème d'un publiciste, pour créer une société pour construire de toutes pièces cette ville sur ses données. C'est la ville de Letchworth, située à 60 kilomètres de Londres du côté de Cambridge. Il y aura bientôt trente ans qu'elle a été fondée et dans ces derniers temps, une seconde a été créée d'après les mêmes données que je vais indiquer.

Cette ville a reçu le nom de « cité-jardin », mais ce nom est prodigué aujourd'hui d'une façon assez inexacte et décerné à toutes les cités ouvrières dès qu'il s'y trouve quelques fleurs. On l'attribue aux cités ouvrières dont j'ai parlé dans une précédente leçon, en Angleterre celles de Port-Sunlight et Bournville, en France celle de la Compagnie des mines de Dourges et le charmant petit village de Draveil, à 1/2 heure de Paris, dit « Paris-Jardin », et en Suisse celui de Freidorf qui a été construit par la Société de consommation de Bâle et est réservé aux employés de cette coopérative.

Mais le titre de cité-jardin, proprement dit, doit être réservé à la cité complète, qui forme un tout, avec ses organes, l'hôtel de ville, l'école, le marché, l'église, les industries, tout ce qui constitue la vie d'une cité, comme c'est le cas pour **Lechtworth** et sa jeune sœur.

Des sociétés pour propager l'idée des cités-jardins se sont constituées en divers pays et même se sont groupées en une Société Internationale (1).

Voici quelles sont les règles essentielles auxquelles on tâche de se conformer dans l'établissement de ces cités-jardins.

1° A chaque maison doit être réservée une superficie minima qui est généralement de 400 mètres carrés, 20 mètres sur chaque côté, ce qui permet d'avoir autour de la maison un petit jardin ou du moins des pelouses : ceci afin que chaque maison ait de l'air, de la lumière, du soleil.

2° Deuxième règle, qui n'est d'ailleurs que l'application de la première. On n'admet qu'un certain nombre de maisons sur une superficie donnée, par hectare (ou par are, comme on compte en Angleterre), afin de ménager des espaces libres. Généralement on admet que la superficie bâtie ne devra pas occuper plus du quart de la surface totale, et même en décomptant les espaces libres publics, places et squares.

3° On se préoccupe de l'orientation des maisons, subordonnée à celle des rues ou des allées, car ce sont plutôt des allées que des rues. D'abord au point de vue esthétique, afin de ménager des perspectives autres que celles odieuses de la ville américaine, de la ville-damier, avec ses voies se coupant à angles droits — tout en reconnaissant d'ailleurs que ce plan a un avantage pratique, parce que l'on peut numéroter chaque rue, sans lui donner un nom, et il suffit de savoir le numéro de sa rue pour savoir où elle se trouve située.

Mais cette numérotation n'est pas nécessaire dans les petites villes ; or, comme nous allons le voir, les cités-jardins doivent rester de petites villes.

Au point de vue de l'hygiène aussi, le plan damier est mauvais en ce sens qu'il y a des rangées de maisons qui sont nécessairement sacrifiées parce qu'elles sont toujours au Nord, par exemple, et n'ont jamais le soleil ; ou bien certaines rues sont orientées dans le sens des vents dominants de la région, ce qui fait qu'il y a toujours des courants d'air. Dans les villes nouvelles une question dont on se préoccupe c'est la direction dominante des vents.

(1) En France aussi il y a une société des Cités-Jardins (11, rue Malebranche), dont le fondateur (en 1904) et le directeur actuel est M. Georges Benoit-Lévy. On trouvera dans ses livres sur les Cités-Jardins tous les renseignements que nous ne pouvons que résumer ici.

4° Quant à l'architecture proprement dite, dans les cités-jardins, je n'ai pas à traiter ici ce vaste sujet : disons seulement qu'on cherchera, comme le font déjà les patrons dans les cités ouvrières, la variété des constructions, la dissemblance des maisons, afin d'éviter le triste aspect des cités ouvrières d'autrefois, de ces corons des villes du Nord où sur des kilomètres s'alignent des régiments de maisons identiques, avec même nombre de portes, même nombre de fenêtres, même couleur. Et, bien entendu, on cherche à réaliser dans chaque maison le maximum de confort et d'agrément pour le moindre prix.

5° Enfin, la règle qui domine toutes les autres, c'est que la ville ne devra recevoir qu'un nombre d'habitants limité. Ainsi, pour les cités-jardins anglaises, ce maximum est de 30.000 habitants. Quand le maximum sera atteint, on inscrira à la porte, comme sur les autobus « Complet », et ceux qui voudront se loger n'auront qu'à aller bâtir une autre ville ailleurs. Il est à remarquer que si cette règle de la limitation doit s'appliquer à toutes les villes, il en faudra beaucoup ! Pour faire la monnaie de Paris avec des villes de 30.000 habitants, il faudrait une centaine de villes. Et il est à remarquer aussi que les villes devenant aussi nombreuses, elles ne pourront être que très rapprochées ; mais c'est justement la caractéristique de ce programme, les villes s'éparpillant dans la campagne comme des écoliers qui, en sortant de l'école, s'égaillent dans les champs.

Ce serait donc la suppression de la grande ville.

Reste à savoir si cette révolution urbaniste sera du goût des habitants. Il est permis d'en douter, car la cité-jardin de Lechtworth, quoiqu'elle date déjà d'une trentaine d'années, n'a pas encore complété son chiffre de 30.000 habitants ; elle n'en a guère qu'une quinzaine de mille, ce qui semble indiquer que les locataires ne sont pas aussi empressés qu'ils devraient l'être à entrer dans ce petit paradis, dans ce jardin d'Eden qu'on leur offre. C'est la confirmation de ce que nous disions tout à l'heure de la répugnance de l'habitant des villes, surtout de l'ouvrier, à quitter son quartier, sa rue sordide. Il y a, comme je l'ai dit, toute une éducation à faire ; avant de construire la cité-jardin, il faut préparer ses habitants.

On a fait des plans de ville encore plus excentriques que celui-ci : excentrique, c'est bien le mot qui convient pour s'opposer à la vieille ville concentrique que nous voulons supprimer : mais le type urbain dont je veux dire un mot, pourrait mieux être nommé ville linéaire (1) par opposition au type de la ville circulaire, ou à la ville en étoile.

La ville linéaire pourrait être définie : une ville qui n'aurait qu'une seule rue. Regardez un plan de Paris avec cet embrouillamini de rues qui représente plusieurs milliers de kilomètres : imaginez que vous le dérouliez comme vous débrouillez un écheveau de fil et que vous l'étendiez sur une grande table : vous aurez la ville linéaire qui, pour Paris, toutes les rues étant ajoutées bout à bout, s'étendrait sur une longueur de 12 à 1500 kilomètres et dépasserait donc les frontières de la France si on ne se résignait à le replier en courbe.

L'idée paraît absurde : ce ne serait guère pratique, dira-t-on, d'aller loger à des dizaines, ou à des centaines de kilomètres, de son bureau, de son usine, de ses relations ! Mais c'est oublier ce que j'ai rappelé tout à l'heure, à savoir que la distance n'a plus d'importance et qu'aujourd'hui ce n'est pas l'espace qui compte, c'est le temps, c'est-à-dire la rapidité et la fréquence des moyens de communication. Or, si vous supposez la ville linéaire, tous les moyens de communication se trouvant concentrés sur cette unique voie, il est évident que l'on pourra arriver à des perfectionnements des moyens de communications tels que la distance sera quasi supprimée. Il est à remarquer que le temps perdu pour le transport ne dépend pas seulement de la rapidité de la traction, mais autant de la fréquence des départs. Quand vous prenez le tramway à Paris, s'il passe toutes les cinq minutes, quelquefois seulement toutes les dix minutes, vous perdrez presque autant à l'attendre qu'à faire le trajet. Or, quand le tram ne dessert qu'un quartier ou quelques rues, le service est nécessairement intermittent, mais s'il n'y avait qu'une seule rue, il pourrait être continu : on pourrait faire circuler les trains du métro sans interruption, ou, mieux, établir le trottoir roulant qui est à l'ordre du jour dans la presse, et qui, d'une exécution difficile dans une ville concentrique comme nos villes actuelles, serait tout à fait indiqué pour la ville linéaire.

Il y a une autre raison pour écarter ou atténuer l'objection de la distance. La distance importe dans les villes qui ont un centre parce qu'on ne peut s'écarter loin du centre,

---

(1) C'est, à ce que je croyais, dans un livre de M. Petavet, *The coming revolution* que se trouvait la première idée, mais non le nom de la ville linéaire. Mais d'après un document communiqué par M. G. Benoit Lévy, c'est en Espagne, près de Madrid, que la ville linéaire aurait été réalisée et ainsi dénommée.

mais dans une ville qui n'aurait plus de centre la question ne se poserait pas de la même façon. Il n'y aurait plus un cerveau mais des centres nerveux disséminés sur toute la longueur de l'épine dorsale, en sorte que chaque habitant aurait la faculté de se loger à proximité de son centre particulier, de son usine, de sa maison de commerce, celles-ci étant elles-mêmes disposées tout le long de la voie.

Evidemment un tel plan ne doit pas être pris à la lettre, mais il n'est pas si absurde qu'il le paraît au premier abord puisqu'il tend à se réaliser en fait. Sans parler des villes qui, par suite de certaines circonstances, par exemple parce qu'elles sont situées dans le creux d'une vallée, se développent toutes en longueur, même en dehors de ces nécessités topographiques il y a tendance à ouvrir des rues interminables. Il y a paraît-il, à Chicago, une rue qui a 35 kilomètres de longueur, elle s'étend sur les bords du lac Michigan. En France on a déjà relié les trois villes de Lille, Roubaix et Tourcoing, par un boulevard qui a plusieurs kilomètres de longueur mais qui n'est pas encore tout bâti. Pour Paris, il y a depuis longtemps en projet une avenue qui doit aller de l'Arc. de Triomphe à Saint-Germain-en-Laye, la distance étant de 22 kilomètres ; ce projet sera certainement exécuté et pourra donner une idée de ce que serait la ville linéaire.

J'ai eu naguère à écrire à un de mes amis dans une ville américaine, à Oakland, en Californie ; j'étais émerveillé d'avoir à mettre comme numéro de sa rue 1461 : cela suppose déjà une belle longueur de rue. Dans la ville linéaire il pourrait arriver qu'on eut à inscrire 14.611. Qu'importe ?

Remarquez que cette cité hypothétique répondrait à tous les desiderata que nous avons indiqués, au point de vue de l'hygiène comme à celui du pittoresque. Madame de Staël disait de la ville de Weimar, il y a un siècle : Ce n'est pas une ville, c'est une campagne où il y a des maisons. Cette définition conviendrait parfaitement ici. Ce serait la France toute entière qui deviendrait « une campagne où il y aurait des maisons » : ce ne serait plus la ville et ce ne serait pas non plus la banlieue, la hideuse banlieue qui n'est ni ville ni campagne. Les villes ne seraient que des rideaux de maisons tendues à travers champs, des rideaux de gaze qui laisseraient passer l'air, le bon air, comme on dit dans le Midi. Et on ne dira plus de ces villes neuves ce que Tolstoï dit de nos villes actuelles, dans cette admirable page par laquelle s'ouvre son livre Résurrection.

« En vain quelques centaines de milliers d'hommes, dans un petit espace, s'efforçaient de mutiler la terre sur laquelle ils vivaient, en vain ils en écrasaient le sol dessous des pierres, afin que rien ne put y germer, en vain ils arrachaient jusqu'au moindre brin d'herbe, en vain ils enfumaient l'air de pétrole et de houille, en vain ils chassaient les oiseaux le printemps, même dans la ville, était encore le printemps, et l'herbe revivait, s'essayant à pousser entre les pavés des routes ».

Et on n'y verra plus ce spectacle immoral qui caractérise la ville moderne, où les beaux quartiers sont toujours ceux des riches oisifs et les quartiers sordides toujours ceux dévolus aux travailleurs.

Et nos villes d'aujourd'hui, me direz-vous peut-être, qu'est-ce qu'on en ferait ? Eh bien, celles qui sont laides, on les laisserait tomber : celles qui sont pittoresques, on les conserverait pieusement, comme la vieille cité de Carcassonne, ou le vieux quartier de Strasbourg de la Petite France, et ce serait même le meilleur moyen de les sauvegarder que de ne plus y habiter. Cela viendra. Vieilles villes, vieilles maisons, vieux meubles, vieux habits, leur place est dans les musées historiques où on les mettra sous vitrines pour servir à l'enseignement.

.*.

Mais même en supposant réalisées ces villes de mirage il n'y aura là qu'une solution partielle de la crise du logement. Il n'y aura plus le monopole de la propriété urbaine qui actuellement exerce une pression croissante sur le loyer, mais il restera cette part de la cherté qui est due au coût de construction et qui ne sera pas sensiblement diminué. De ce côté là, il n'y a de ressource que dans des perfectionnements techniques de l'industrie du bâtiment que rien n'annonce jusqu'à présent.

Quant aux subventions et avances des pouvoirs publics, il est clair qu'elles ne réduisent en rien le coût de construction, mais n'ont d'autre effet que de rejeter sur les contribuables tout le poids de la charge dont ils soulagent les locataires.

La conclusion, assez mélancolique, c'est que les générations qui nous succéderont auront à prélever sur leur budget une part notablement plus grosse, et que nécessairement ils auront à réduire d'autant les parts affectées à leurs autres besoins. Si nous représentons le budget de famille par un disque, comme on le fait dans les diagrammes, on verrait

le loyer projeter sur sa surface une ombre grandissante ;
avant la guerre il occupait déjà 1/6ᵉ ou 1/7ᵉ du disque,
dorénavant ce sera peut-être 1/3. Et si l'on pense que, paral-
lèlement à ce prélèvement, il y a celui de l'impôt qui a
augmenté encore plus et qui prélèvera aussi en moyenne
1/3 du budget, on voit ce qu'il restera de disponible.

Et dès lors, pour réduire cette dépense et laisser plus de
place aux autres besoins , chacun, dans la classe moyenne,
tout au moins réduira son logement. Ce beau luxe, le plus
beau des luxes, le seul presque auquel la morale n'eût rien
à redire, celui d'une large et confortable maison, sera dorénavant réservé aux privilégiés de la fortune.

La vieille maison de famille avec ses nombreuses pièces,
toujours disponibles pour recevoir les enfants, les petits
enfants, les hôtes, avec « la chambre à donner », comme on
disait, qui se trouvait même dans les appartements mo-
destes, ne sera plus qu'un souvenir — car il ne faut pas
croire qu'elle se retrouvera dans les cités-jardins ; on
n'y bâtit que des cottages avec le minimum de pièces. Sans
doute les jeunes générations s'y habitueront, comme on
s'habitue à tout ce qu'on a connu depuis son enfance. Mais
ce sera une diminution de bonheur.

Ce ne sera peut-être pas la seule. Il se peut bien que nous,
qui avons connu la vie d'avant la Grande Guerre, nous
ayions plus d'une fois l'occasion de dire à la génération
nouvelle ce que les survivants du xviiiᵉ siècle disaient aux
jeunes de leur temps : ceux qui n'ont pas connu la vie
d'avant la Révolution ne sauront jamais ce que c'était que
la douceur de vivre.

Toutefois, il est à remarquer que ces regrets du temps
passé, ce sont les riches qui les expriment — ou du moins
la *well to do,* comme disent les Anglais, ceux qui sont dans
l'aisance. Quant aux classes pauvres, elles n'ont généralement rien à perdre aux changements. Il en sera ainsi pour
l'habitation.

———•✕•———

TABLE DES MATIÈRES

Pages.

18.541 — AMIENS. - IMP. NOUVELLE (COOP. OUV.)

www.ingramcontent.com/pod-product-compliance
Lightning Source LLC
LaVergne TN
LVHW021446060726
842527LV00006B/2078